Savoir Préparer
FONDUES et RACLETTES

Savoir Préparer
FONDUES et RACLETTES

Idées Recettes

Texte de Patrice Dard
Photographies de Jean-François Amann

Imprimé en Italie

N° d'éditeur: C 139
N° ISBN pour la collection: 2-86721-010-5
N° ISBN pour le présent volume: 2-86721-019-9

Dépôt légal: Paris, 4e trimestre 1988.

Diffusion exclusive en France:
Comptoir du Livre à Paris.

Diffusion exclusive en Belgique pour la langue française:
Daphné Diffusion à Gent.

Table

SAVOIR PRÉPARER FONDUES ET RACLETTES

Notre chauvinisme français doit-il en souffrir, l'honnêteté nous contraint d'avouer qu'aussi bien la fondue dite savoyarde que celle dite bourguignonne sont des découvertes suisses.

La fondue au fromage était déjà connue à l'ère napoléonienne et nous venait probablement du Valais, tout comme la raclette, d'ailleurs. La fondue bourguignonne est beaucoup plus récente puisque inventée par un cuisinier vaudois au sortir de la dernière guerre mondiale. Comme elle se consommait à son origine avec de la moutarde, ce cuisinier la baptisa bourguignonne en égard à Dijon, capitale tant de la Bourgogne que de la moutarde.

Aujourd'hui, les fondues ont conquis le monde et sont devenues le symbole des vacances à la neige.

Si dans cet ouvrage, nous allons passer en revue toutes les fondues classiques, nous allons aussi chercher à travers le monde, tous les plats qui se consomment avec le secours d'un récipient posé sur un réchaud.

A ce propos, les dictionnaires oublient de mentionner le mot "caquelon" utilisé partout. Nous emploierons donc toujours le mot "poêlon" semble-t-il plus académique.

Vous trouverez aussi dans ce livre bon nombre de fondues et de raclettes "new-look" qui renouvellent un peu le répertoire traditionnel.

Chaque recette indique clairement le temps de préparation et ceclui de cuisson, ainsi que les quantités nécessaires.

Les photos, toutes originales et en couleur, qui illustrent chaque recette donnent une idée de présentation.

La collection d'idées-recettes vous permettra de varier facilement vos menus et de devenir le cordon-bleu que l'on félicite mais aussi la reine incontestée des fondues et raclettes.

FONDUE SAVOYARDE

Pour 6 personnes
Préparation 10 mn - Cuisson 20 mn

400g de comté savoyard,
400 g de beaufort,
200 g de reblochon,
30 g de beurre,
2 gousses d'ail,
1/2 bouteille de vin blanc de Savoie,
(apremont, roussette, chignin ou crépy),
1 verre à liqueur de marc de Savoie,
1 cuillerée à soupe de maïzéna
ou de fécule de pommes de terre,
poivre, selon le goût, sel éventuellement,
1 gros pain pas trop frais.

La fondue savoyarde : recette simple à réaliser en 30 mn.

Otez les croûtes des fromages.

Découpez-les en petits cubes.

Frottez un poêlon d'ail. Laissez deux gousses d'ail au fond du poêlon. Ajoutez 30 g de beurre et mettez sur feu assez doux.

Versez 1 verre de vin blanc, ajoutez une poignée de fromage et laissez fondre en tournant sans cesse à la cuiller en bois.

Incorporez petit à petit vin blanc et fromage.

Vers la fin, délayez la maïzéna dans le marc de Savoie et versez dans la préparation. Continuez de tourner jusqu'à fusion complète et obtention d'une onctuosité parfaite.

Poivrez abondamment, râpez un peu de muscade et rectifiez en sel, éventuellement. Placez sur un réchaud allumé.

Piquez des petits morceaux de pain pas trop frais et trempez-les dans la pâte lisse et souple.

La fondue savoyarde, l'une des deux grandes fondues de base, a fait le tour du monde et enthousiasmé tous les amateurs de fromage. Seules les fondues aux fromages suisses parviennent à l'égaler. C'est un “must”.

Servir avec le vin de la fondue, un apremont, une roussette, un chignin ou un crépy.

FONDUE FRIBOURGEOISE

Pour 6 personnes
Préparation 10 mn - Cuisson 20 mn

500 g de gruyère,
500 g de vacherin fribourgeois,
1 gousse d'ail,
1/2 bouteille de vin blanc sec,
30 g de beurre,
1 verre à liqueur de kirsch,
poivre du moulin et noix de muscade râpée selon le goût,
1 pain.

La fondue fribourgeoise : recette simple à réaliser en 30 mn.

FONDUE FRIBOURGEOISE

Otez la croûte des fromages.

Découpez-les en petits cubes.

Frottez un poêlon d'ail. Laissez la gousse d'ail au fond.

Placez le poêlon sur feu doux.

Mettez-y le beurre, un peu de vin, un peu de fromage et laissez fondre.

Incorporez petit à petit la totalité du vin et des fromages.

Ajoutez le kirsch. Poivrez et muscadez selon votre goût, assez abondamment toutefois.

Allumez un réchaud à feu doux et posez dessus le poêlon sitôt que la fondue prend une belle consistance onctueuse.

Piquez des petits morceaux de pain et trempez-les dans le fromage en fusion.

La fondue fribourgeoise est, de notoriété publique, l'une des plus fines et des plus souples de toutes les fondues au fromage. Comment en serait-il autrement quand elle fait appel au vacherin fribourgeois qui est, à notre sens, le meilleur fromage du monde.

Servir avec le vin blanc de la fondue. Pour les puristes, un Vully fribourgeois s'impose.

FONDUE ALSACIENNE

Pour 6 personnes
Préparation 10 mn - Cuisson 20 mn

700 g de gruyère,
300 g de munster,
3 verres de sylvaner,
1 gousse d'ail,
1 verre à liqueur de schnaps,
1 cuillerée à café de maïzéna,
poivre, selon le goût,
cumin et sel éventuellement,
1 miche de pain (aux noix si possible).

La fondue alsacienne : recette simple à réaliser en 30 mn.

Otez la croûte des fromages.

Découpez-les en petits cubes.

Frottez un poêlon d'ail. Mettez-le sur feu assez doux.

Versez un verre de vin d'alsace et ajoutez une poignée de fromage. Faites-le fondre.

Incorporez petit à petit le reste du vin blanc et le reste du fromage.

Délayer la maïzena dans le schnaps et ajoutez à la préparation. Chauffez encore jusqu'à ce que le mélange devienne onctueux.

Poivrez, saupoudrez de cumin et goûtez pour éventuellement rectifier l'assaisonnement en sel.

Placez sur un réchaud allumé à feu moyen.

Piquez des morceaux de miche de pain sur une fourchette et trempez dans le fromage en fusion.

Cumin, schnaps et munster donnent un caractère particulier à cette fondue alsacienne venue "en voisine" de sa mère patrie helvétique.

S'accompagne de cervelas.

Servir avec le vin de la fondue, en l'occurrence un sylvaner. Un riesling ne dénoterait pas non plus, loin de là.

FONDUE DU PAYS D'AUGE

Pour 6 personnes
Préparation 10 mn - Cuisson 20 mn

375 g d'emmental français,
375 g de pont l'évêque,
1/2 camembert (125 g),
125 g de crème fraîche,
3 verres à moutarde de cidre brut,
1 verre à liqueur de calvados,
1/2 pomme à cidre,
1 pincée de cannelle,
poivre selon le goût,
2 baguettes de pain.

La fondue du pays d'Auge : recette facile à réaliser en 30 mn.

Otez la croûte des fromages.

Découpez-les en petits cubes.

Epluchez et râpez la demi-pomme.

Dans un poêlon, mettez les cubes de camembert, avec la pomme râpée et 1 verre de cidre.

Placez sur feu doux et laissez fondre.

Ajoutez alors les autres fromages et le reste du cidre.

Faites fondre lentement en tournant sans cesse avec une cuiller en bois jusqu'à obtention d'une belle pâte.

Additionnez de la crème et du calvados.

Epicez de poivre, selon le goût et saupoudrez de cannelle. Faites chauffer encore quelques minutes.

Allumez le réchaud et déposez le poêlon dessus.

Servez avec des morceaux de baguette que l'on pique sur une fourchette à fondue et que l'on trempe dans le fromage en fusion.

La pomme, le cidre, le calvados, le camembert et le pont l'évêque font de cette fondue un plat authentiquement normand, bien qu'il prenne sa source du côté des Alpes.

S'accompagne de quelques tranches d'andouille de Vire.

Servir avec un cidre brut du Pays d'Auge.

FONDUE DU LAC LÉMAN

Pour 6 personnes
Préparation 10 mn - Cuisson 20 mn

600 g d'emmental,
100 g de beurre,
100 g de crème,
8 jaunes d'œufs,
1 verre à liqueur de genépy,
sel, poivre et muscade, selon le goût,
1 gousse d'ail, une tête d'échalote,
pain de campagne un peu rassis.

La fondue du lac Léman : recette simple à réaliser en 30 mn.

Otez la croûte de l'emmental et coupez-le en petits cubes.

Frottez le poêlon avec une gousse d'ail. Laissez la gousse d'ail au fond, ainsi que l'échalote finement hachée.

Mettez le poêlon sur feu doux et faites mousser le beurre.

Ajoutez alors l'emmental, poignée par poignée, et laissez-le fondre.

Avant d'avoir mis la totalité du fromage dans le poêlon, fouettez la crème avec les jaunes d'œufs, le poivre, la muscade et le genépy.

Incorporez doucement dans le fromage en fusion en tournant sans cesse avec une cuiller en bois.

Finissez de faire fondre l'emmental.

La fondue doit présenter l'aspect d'une crème onctueuse et blonde.

Goûtez et rectifiez l'assaisonnement en sel, en fonction de la salaison du fromage. Placez sur un réchaud allumé.

Piquez des petits morceaux de pain de campagne un peu rassis sur une fourchette et trempez dans ce plat, mi-fondue, mi-sabayon au fromage, qui séduit toujours par sa délicatesse et sa légèreté.

Servir avec un vin blanc des côteaux du Genevoix ou avec un vin blanc de l'Ain.

FONDUE VERCINGÉTORIX

Pour 6 personnes
Préparation 10 mn - Cuisson 20 mn

400 g de Saint-Nectaire,
300 g de cantal,
150 g de fourme d'Ambert,
150 g de crème fraîche,
1 gousse d'ail,
1 verre à liqueur d'alcool de myrtilles,
2 verres à moutarde de vin blanc de Condrieu,
poivre blanc, selon le goût,
1 pain.

La fondue Vercingétorix : recette simple à realiser en 30 mn.

FONDUE VERCINGÉTORIX

Otez la croûte des fromages.

Découpez-les en petits cubes.

Frottez le poêlon avec une gousse d'ail. Laissez la gousse d'ail au fond.

Sur feu doux, faites fondre d'abord la fourme avec 1/2 verre de vin blanc.

Ajoutez le Saint-Nectaire et le cantal, ainsi que le reste du vin blanc.

Laissez fondre lentement en tournant sans cesse avec une cuiller en bois, jusqu'à obtention d'une belle onctuosité.

Versez la crème et l'alcool de myrtilles.

Poivrez abondamment.

Allumez le réchaud et déposez le poêlon bien chaud dessus.

Servez avec des petits morceaux de pain que l'on pique sur une fourchette en bois et que l'on trempe dans le fromage en fusion.

Le goût particulier de la fourme se transmet à cette fondue qui fleure bon la sauvagerie des puys auvergnats.

S'accompagne de rondelles de saucisse sèche.

Servir avec le vin de la fondue, en l'occurrence un Condrieu.

FONDUE DES POLDERS

Pour 6 personnes
Préparation 10 mn - Cuisson 20 mn

250 g d'édam,
250 g de goudda,
150 g de mimolette fraîche,
250 g d'emmental,
100 g de crème fraîche,
2 petits oignons grelot,
1 canette de bière hollandaise blonde (25 cl),
1 verre à liqueur d'alcool de genièvre,
poivre, selon goût,
1 tresse de pain.

La fondue des polders : recette simple à réaliser en 30 mn.

FONDUE DES POLDERS

Otez la croûte des fromages.

Découpez-les en petits cubes. Mélangez-les.

Dans un poêlon, mettez 2 petits oignons grelot.

Versez 1/4 de la canette de bière. Ajoutez une partie du fromage.

Mettez sur feu assez vif et faites fondre.

Petit à petit, ajoutez le reste de la bière et le reste du fromage en tournant énergiquement avec une cuiller en bois.

Versez l'alcool de genièvre et la crème.

Poivrez selon votre goût. Placez sur un réchaud allumé.

Cette fondue des Pays-Bas prend une jolie teinte d'ambre orangé. Elle se prépare à feu assez soutenu car les fromages hollandais fondent à plus haute température que les fromages alpins. Elle n'atteint jamais à l'onctuosité parfaite des fondues à base de comté, de gruyère ou d'emmental, mais elle développe une saveur véritablement extraordinaire.

Si ce n'était notre chauvinisme de Savoyard, nous serions tentés de dire que la fondue des polders est peut-être la plus délicieuse de toutes les fondues.

Servir avec un vin blanc sec de Moselle.

FONDUE À L'OIGNON

Pour 6 personnes
Préparation 15 mn - Cuisson 30 mn

1 fondue alsacienne pour 6 personnes,
(voir préparation pages 15 et 16),
200 g d'oignons,
40 g de beurre,
sel, poivre, selon le goût,
1 baguette 1/2 de pain.

La fondue à l'oignon : recette simple à réaliser en 45 mn.

FONDUE À L'OIGNON

Pelez et découpez les oignons en rouelles.

Dans une poêle, sur feu moyen, mettez le beurre. Faites-le blondir. Ajoutez les tranches d'oignon.

Baissez le feu et faites dorer les oignons pendant 10 mn en les remuant souvent.

Découpez le pain en tranches que vous toastez sans les rendre complètement craquantes.

Découpez-les ensuite en petits morceaux d'une bouchée.

Préparez une fondue alsacienne comme indiqué aux pages 15 et 16.

Incorporez les oignons étuvés dans la fondue.

Allumez un réchaud à feu moyen. Posez le poêlon de fondue dessus.

Piquez les morceaux de pain toastés sur une fourchette et plongez-les dans le fromage en fusion.

L'oignon confère à la fondue une saveur de gratinée qui en fait un plat de fête... ou de fin de fête.

Servir avec un gewurztraminer qui s'harmonisera à la suavité de l'oignon.

FONDUE AUX CÈPES

Pour 6 personnes
Préparation 20 mn - Cuisson 35 mn

1 fondue savoyarde pour 6 personnes,
(voir préparation pages 11 et 12),
1,2 kg de cèpes,
100 g de crème fraîche,
sel, poivre et jus de citron pour les cèpes.

La fondue aux cèpes : recette simple à réaliser en 55 mn.

FONDUE AUX CÈPES

Grattez les cèpes pour les débarrasser de la terre. Ne les lavez pas.

Dans une poêle anti-adhésive, sur feu doux, mettez les cèpes coupés en lamelles épaisses ou entiers s'ils sont petits.

Faites-les suer 10 mn pour qu'ils rendent leur eau.

Egouttez-les, séchez-les. Récupérez l'eau de végétation.

A cette eau de végétation, ajoutez la crème et laissez réduire de moitié. Salez, poivrez, citronnez légèrement.

Pendant ce temps, préparez une fondue savoyarde comme indiqué aux pages 11 et 12.

Incorporez la crème aux cèpes dans la fondue.

Allumez un réchaud sur feu doux. Posez le poêlon de fondue dessus, dès que le fromage est devenu onctueux et lisse.

Piquez des morceaux de cèpes ou des petits cèpes entiers sur des fourchettes et trempez dans le fromage en fusion.

La saveur divinement forestière de cette fondue en fait un plat de grand raffinement réservé aux amateurs de champignons.

La même fondue peut se réaliser en remplaçant les cèpes par des champignons de Paris, moins subtils sans doute, mais moins onéreux aussi.

Servir avec un vin blanc de Savoie et de préférence un chignin.

FONDUE DE RATATOUILLE AUX CALMARS

Pour 6 personnes
Préparation 30 mn - Cuisson 40 mn

300 g d'emmental,
1 verre de vin blanc sec,
4 tomates, 1 aubergine, 1 courgette,
1/2 poivron vert, 1/2 poivron rouge,
3 gousses d'ail, 1 oignon,
2 feuilles de basilic, 1 pincée de thym,
sel, poivre de Cayenne et coriandre à volonté,
5 cuillerées à soupe d'huile d'olive,
1,5 kg de blanc de calmar (encornet),
sel, poivre et huile d'olive pour cuire les calmars.

La fondue de ratatouille aux calmars : recette simple à réaliser en 1 h et 10 mn.

FONDUE DE RATATOUILLE AUX CALMARS

Préparez une ratatouille en coupant tous les légumes : tomates, aubergine, courgette, poivrons et oignon en petits morceaux et en les faisant revenir à feu doux 30 mn dans l'huile d'olive.

Ajoutez basilic, ail, thym, sel, poivre de Cayenne et coriandre à la ratatouille.

Passez la ratatouille au mixer.

Dans un poêlon, faites fondre l'emmental coupé en petits cubes avec le vin blanc, sur feu doux.

Incorporez petit à petit la ratatouille au fromage en tournant à la cuiller en bois.

Lavez les blancs de calmars et découpez-les en grosses lanières.

Faites-les sauter 5 mn à l'huile d'olive. Poivrez-les et salez-les.

Placez la fondue sur un réchaud allumé à feu doux.

Piquez des morceaux de calmars sur des fourchettes à fondue bourguignonne et trempez-les dans la fondue de ratatouille.

Originale et succulente, cette fondue convient spécialement aux belles journées d'été sur la terrasse.

Servir avec un vin rosé de Bandol.

FONDUE AUX CREVETTES

Pour 6 personnes
Préparation 15 mn - Cuisson 20 mn

500 g de comté,
200 g de crème fraîche,
2 verres de muscadet,
600 g de crevettes bouquets,
300 g de croutons à l'ail,
sel et poivre, selon le goût,
1/2 jus de citron.

La fondue aux crevettes : recette simple à réaliser en 35 mn.

Otez la croûte du comté.

Râpez-le à la râpe à fromage.

Mettez dans un poêlon, sur feu assez doux, le fromage râpé, la crème fraîche et le verre de muscadet.

Tournez à la cuiller en bois jusqu'à ce que la pâte soit bien homogène.

Elle doit rester un peu liquide.

Poivrez abondamment et salez éventuellement.

Versez le jus de citron et placez sur un réchaud allumé.

Cette fondue au fromage ne se consomme pas avec du pain, mais avec des crevettes décortiquées et des petits croûtons frottés d'ail que l'on plonge dans le fromage en fusion.

Un mariage heureux entre la montagne et la mer.

Un plat qui sent bon les vacances d'été et les sports d'hiver.

Servir avec le vin de la fondue, en l'occurrence un muscadet sur lie.

FONDUE ANCHOÏADE

Pour 6 personnes
Préparation 30 mn - Cuisson 25 mn

1 fondue savoyarde pour 6 personnes,
(voir préparation pages 11 et 12),
1 boîte d'anchois allongés,
50 g de beurre,
poivre à volonté,
1 gousse d'ail hachée,
1 botte de radis,
1 branche de céleri,
200 g de champignons de Paris,
3 carottes,
quelques tomates cerises,
1 tête de brocoli,
1/4 de chou-fleur,
1 pot d'œufs de caille,
500 g de bulots.

La fondue anchoïade : recette simple à réaliser en 55 mn.

FONDUE ANCHOÏADE

Préparez les légumes : lavez les radis, ôtez les fils du céleri, tronçonnez-le en bâtonnets, nettoyez les champignons, grattez les carottes, tournez-les en forme d'olivettes, lavez les tomates cerises, prélevez les têtes des brocolis et du chou-fleur.

Cuisez les brocolis et le chou-fleur 5 mn à l'eau bouillante salée et les carottes 10 mn.

Ecalez les œufs de caille.

Cuisez les bulots 20 mn à l'eau bouillante très salée et vinaigrée. Sortez-les de leur coquille.

Préparez une fondue savoyarde comme indiqué pages 11 et 12.

Egouttez les anchois. Ecrasez-les avec le beurre et une gousse d'ail pour en faire une pommade.

Incorporez ce beurre d'anchois à la fondue.

Allumez un réchaud à feu doux. Posez le poêlon de fondue parfumée à l'anchois dessus.

Présentez tous les légumes, les œufs de caille et les bulots avec la fondue.

Ces différents ingrédients sont piqués avec une fourchette à fondue bouguignonne et trempés dans le fromage en fusion.

La fondue à l'anchois sans pain, constitue un repas délicieux et original pour recevoir des amis, car il engendre une ambiance particulièrement sympathique.

Servir avec un vin rosé de Provence.

FONDUE À L'ITALIENNE

Pour 6 personnes
Préparation 10 mn - Cuisson 20 mn

600 g de fontine
(fromage italien ou, à défaut, de l'emmental),
200 g de parmesan,
1 avocat de bonne taille,
1 verre de vin blanc sec,
100 g de crème fraîche,
1 verre à liqueur de grappa (ou de marc de Savoie),
poivre, selon le goût,
3 paquets de saucisses à apéritif,
10 fines tranches de poitrine fumée.

La fondue à l'italienne recette simple à réaliser en 30 mn.

Otez la croûte des fromages.

Découpez-les en petits cubes.

Dans un poêlon sur feu doux, versez le vin blanc et les fromages, poignée par poignée. Faites fondre en tournant à la cuiller en bois.

Pendant ce temps, passez au mixer la chair de l'avocat et la crème fraîche.

Incorporez cette mixture à la fondue.

Ajoutez l'alcool de grappa. Poivrez.

Lorsque la consistance de la fondue est onctueuse, transportez le poêlon sur un réchaud allumé à feu doux.

Entortillez les petites saucisses à apéritif de fines lamelles de poitrine fumée.

Piquez ces saucisses avec une fourchette à fondue bourguignonne et trempez-les dans la fondue à l'avocat.

Recette originale qui permet de renouveler un peu le registre des fondues au fromage.La présence des saucisses en fait un plat amusant, complet et nourrissant.

Servir avec un chianti.

FONDUE À LA TOMATE

Pour 6 personnes
Préparation 15 mn - Cuisson 25 mn

1 fondue fribourgeoise pour 6 personnes,
(voir préparation pages 13 et 14),
250 cl de pulpe de tomates,
sel de céleri et poivre blanc,
3 escalopes de veau,
sel et poivre du moulin.

La fondue à la tomate : recette simple à réaliser en 40 mn.

FONDUE À LA TOMATE

Tranchez les escalopes de veau en lamelles assez fines.

Cuisez les lamelles de veau 2 mn à la vapeur, jusqu'à ce qu'elles blanchissent.

Dressez-les sur assiettes. Salez et poivrez au moulin.

Préparez une fondue fribourgeoise comme indiqué aux pages 13 et 14.

Avant la fin de la fusion du fromage, incorporez la pulpe de tomates. Epicez de poivre blanc et de sel de céleri.

Allumez un réchaud et posez dessus le poêlon de fondue tomatée.

Piquez des morceaux de veau et trempez-les dans le fromage en fusion.

Cette fondue à la tomate et au veau est une version aromatisée et très digeste des fondues traditionnelles au fromage. Plus coûteuse aussi, elle constitue cependant un agréable plat de réception pour soirée amicale.

Servir avec un bourgueil ou un chinon bien frais

POT-AU-FEU CHINOIS

Pour 6 personnes
Préparation 1h - Cuisson 1h

Pour le bouillon:
2,5 l de bouillon de poule,
300 g d'épinards,
3 oignons,
4 gousses d'ail,
1 bouquet de persil,
2 jus de citron,
1/2 verre de jus de soja,
sel, poivre et gingembre,

Pour les sauces:
jus de soja. vinaigre,
nuoc man,
citron vert, ciboulette,
ail, gingembre, sucre.

Viandes et légumes à tremper:
200 g de romsteak,
200 g de filets de poulet,
200 g de palette de porc,
200 g de crevettes,
1/2 radis noir,
6 blancs de petits poireaux,
200 g de germes de soja,
1 petite boîte de pousses de bambou,
3 tomates,
1 poivron rouge,
1/4 de chou blanc,
3 branches de céleri,
200 g de brocolis.

Le pot-au-feu chinois: recette cordon-bleu à réaliser en 2h.

POT-AU-FEU CHINOIS

Mettez en route le bouillon en laissant frémir pendant 1 heure le bouillon de poule, les épinards, les oignons et l'ail émincés, le persil grossièrement haché, les jus de citron et de soja, le sel, le poivre et le gingembre rapé.

Pendant ce temps, préparez les ingrédients : découpez les viandes en fines lamelles et décortiquez les crevettes.

Epluchez le radis noir, tranchez-le en rondelles.

Lavez et fendez les blancs de poireaux. Dressez les germes de soja sur une assiette, ouvrez la boîte de pousses de bambou et égouttez-les. Partagez les tomates en quartiers.

Taillez le poivron rouge en lamelles. Nettoyez les branches de céleri et grattez-les pour enlever les fils. Découpez le chou blanc en lanières. Pré-cuisez les têtes de brocoli 5 mn à l'eau salée.

Dressez viandes et légumes sur des assiettes, le plus harmonieusement possible.

Préparez les sauces : mélangez du jus de soja coupé d'1/3 d'eau, 1 trait de vinaigre d'alcool, deux ou trois gousses d'ail finement hachées et une pincée de gingembre rapé. Pour l'autre sauce, additionnez du nuoc-man de jus de citron, ajoutez une cuillerée à café de sucre et un hachis de ciboulette.

Filtrez le bouillon lorsqu'il est prêt. Versez-le dans un poêlon. Posez le poêlon sur un réchaud allumé à feu assez vif.

Chacun dispose d'une petite passoire dans laquelle il met légumes et viandes de son choix qu'il trempe ensuite dans le bouillon pour les cuire, avant de les assaisonner de l'une des sauces.

Les chinois préparent ce plat traditionnel dans une marmite à feu (voir sur notre photo page précédente). Ces ustensiles typiques se trouvent dans les boutiques spécialisées.

Servir avec du thé ou pour les réfractaires, avec un jurançon.

FONDUE DE COQUILLES ST-JACQUES

Pour 6 personnes
Préparation 20 mn

24 coquilles St-Jacques bien coraillées,
1 l de fumet de poissons assaisonné,
200 g de crème fraîche,
sel et poivre, selon le goût.

La fondue de coquilles St-Jacques : recette simple à réaliser en 20 mn.

Ouvrez les coquilles en glissant un couteau entre les deux valves de la coquille et en tranchant le pied.

Le mollusque s'ouvre de lui-même.

Dégagez la noix et le corail.

Nettoyez ces deux parties comestibles. Réservez-les séparément.

Faites chauffer dans un poêlon 1 l de fumet de poissons.

Pendant ce temps, broyez les coraux de St-Jacques avec la crème. Salez et poivrez. Dressez cette crème de corail dans une coquille bien lavée.

Partagez les noix de St-Jacques en deux.

Lorsque le bouillon frémit, posez le poêlon sur un réchaud allumé à feu doux.

Piquez une demi-noix de St-Jacques sur une fourchette à fondue et plongez-la quelques secondes dans le bouillon.

Trempez ensuite dans la crème de corail et dégustez immédiatement ce plat d'une délicatesse inouïe alliée à une simplicité presque monacale.

Proposez cette recette en entrée ou en plat principal avec un riz pilaf en garniture.

Servir avec un champagne brut frappé qui seul peut accompagner ce plat de fête.

FONDUE JAPONAISE

Pour 6 personnes
Préparation 30 mn - Cuisson 5 mn

600 g de faux-filet de bœuf,
1 botte d'oignons verts,
1 radis noir,
4 carottes,
1 botte de cresson,
12 grosses crevettes,
1 boîte de vermicelle japonais, (shirataki),
ou, à défaut, de vermicelle de riz chinois,
1 flacon de sauce soja,
1 l de bouillon de poule,
1 verre de vin blanc doux,
poivre et gingembre, suivant le goût,
6 œufs.

La fondue japonaise : recette assez simple à réaliser en 35 mn.

Découpez le faux-filet en tranches assez fines et de la taille d'une petite escalope.

Lavez les légumes.

Taillez les carottes et les oignons verts en bâtonnets, le radis noir en rondelles.

Ebouillantez le vermicelle 2 mn à l'eau salée.

Dans un plat en terre tenant le feu, disposez la viande, les crevettes et les légumes. Au centre, placez les vermicelles.

Préparez le bouillon en mélangeant le bouillon de poule avec le soja, le vin blanc et les épices.

Dans des bols, cassez les œufs en mettant un œuf par bol.

Allumez un réchaud à feu moyen. Posez le plat dessus.

Versez doucement le bouillon dans le plat. Laissez-le chauffer 5 mn.

Avec des baguettes, ou des fourchettes, récupérez les légumes et la viande au fur et à mesure qu'ils sont cuits.

Battez l'œuf dans le bol et trempez chaque ingrédient dans l'œuf battu.

Ce plat très apprécié des Japonais est sans doute la fondue la plus diététique qui soit. Elle convient aux personnes davantage préoccupées de leur régime et de leur santé que des grandes émotions culinaires.

Servir avec du thé japonais, du saké chaud ou un rosé de Touraine.

FONDUE À L'EAU DE MER

Pour 4 personnes
Préparation 20 mn

4 langoustes de 600 g chacune,
ou 24 langoustines de belle taille,
2 l d'eau de mer, ou d'eau salée à 25 g par litre,
2 jus de citron,
4 cuillerées d'huile d'olive,
sel, poivre, selon le goût,
1 brin de cerfeuil.

La fondue à l'eau de mer: recette assez simple à réaliser en 20 mn.

FONDUE À L'EAU DE MER

La fondue la plus coûteuse mais aussi la plus subtile de notre ouvrage. Réservée aux grandes occasions.

Tronçonnez les langoustes vivantes de manière à séparer la tête de la queue.

Détachez la chair des queues en sectionnant les mambranes avec des ciseaux de cuisine. Découpez la chair en petits dés.

Dressez-la sur des cubes de glace pour la maintenir très fraîche.

Dans un poêlon, mettez 1 l d'eau de mer si vous êtes au bord de la mer ou d'eau salée à 25 g par litre dans le cas contraire. L'utilisation du sel de mer iodée est alors recommandée.

Poivrez largement.

Allumez un réchaud à feu vif et posez le poêlon dessus. Faites partir l'ébullition. Réduisez alors le feu pour obtenir un léger frémissement.

Chacun pique des morceaux de chair de langouste et les plonge dans l'eau pour les court-bouillonner quelques secondes ou plus suivant son goût.

Trempez dans une sauce constituée de jus de citron, d'huile d'olive, de sel, de poivre et de cerfeuil haché.

A noter qu'on peut faire cuire les têtes de langoustes pendant 10 mn dans cette eau frémissante pour les démonter ensuite et en consommer la chair.

Servir avec un champagne brut frappé.

FONDUE DU RIVAGE

Pour 6 personnes
Préparation 30 mn

4 dz d'huitres,
4 dz de praires,
3 dz de moules d'Espagne,
2 kg de coques,
1,5 l de fumet de moules assaisonné,
1 tasse de vinaigre de Xérès,
2 échalotes,
3 jus de citron,
2 gousses d'ail,
3 brins de ciboulette,
1 pincée de sel.

La fondue du rivage : recette simple à réaliser en 30 mn.

Ouvrez tous les coquillages à cru.

Dégagez-les de leur coquille.

Dans un poêlon, faites chauffer 1,5 l de fumet de moules assaisonné avec sel, poivre et citron.

Pendant ce temps, préparez un vinaigre à l'échalote et un jus de citron que vous salez et parsemez d'ail haché.

Sur un réchaud allumé à feu moyen, posez le bouillon.

Chacun place des chairs de coquillages dans une petite passoire et les chauffe quelques secondes dans le bouillon, le temps de les saisir.

Assaisonnez selon le goût avec le vinaigre d'échalote ou le citron aillé.

Cette fondue du rivage constitue soit une entrée joyeuse et parfumée, soit un original amuse-gueules pour accompagner l'apéritif, l'été, au bord de la mer.

Servir avec un gros-plant nantais bien frais.

FONDUE AUX TROIS POISSONS

Pour 6 personnes
Préparation 20 mn - Cuisson 10 mn

400 g de cabillaud,
400 g de saumonnette,
400 g de haddock,
3/4 l de fumet de poissons assaisonné,
250 g de crème fraîche,
1/2 l de vin blanc,
1 bol de pulpe de tomates,
sel, poivre selon le goût,
1 brin d'estragon,
zestes de citron et d'orange.

La fondue aux trois poissons : recette simple à réaliser en 30 mn.

Découpez les poissons en tranches assez fines.

Faites chauffer le fumet de poissons additionné de crème et de vin blanc dans un poêlon.

Préparez la sauce anchoïade (voir recette pages 55 et 56).

La seconde sauce consiste en une pulpe de tomates salée, poivrée et parsemée d'estragon, de zestes de citron et d'orange émincés en fine julienne.

Lorsque le fumet bouillonne, transportez le poêlon sur un réchaud allumé à feu moyen.

Piquez au choix des morceaux de poissons sur des fourchettes à fondue et plongez-les dans le bouillon.

Laissez cuire 1 mn et trempez soit dans la sauce anchoïde, soit dans la pulpe de tomates.

Cette fondue peut se réaliser avec d'autres poissons. Elle reste l'une des plus légères et des plus délicieuses de toutes les fondues car elle fait appel à des produits de grande fraîcheur et de haute saveur.

Servir avec un chablis.

FONDUE AU VIN ROUGE ET À L'AGNEAU

Pour 6 personnes
Préparation 20 mn - Cuisson 10 mn

1,2 kg de gigot d'agneau,
1/2 l de vin rouge algérien,
1/2 l de bouillon de bœuf,
120 g de beurre,
3 cuillerées à soupe de farine,
1 verre d'eau,
1 pincée de sucre,
sel et poivre selon le goût,
1 bol de moutarde forte,
2 cuillerées à soupe de crème,
1 brin de menthe fraîche,
huile d'olive, ciboulette, graines de sésame.

La fondue au vin rouge et à l'agneau : recette assez simple à réaliser en 30 mn.

FONDUE AU VIN ROUGE ET À L'AGNEAU

Tranchez l'agneau en fines lamelles

Mettez-les dans un plat et arrosez-les d'huile d'olive.

Parsemez l'agneau de ciboulette ciselée et de graines de sésame.

Dans un poêlon, faites fondre le beurre. Ajoutez la farine pour faire un roux.

Mouillez avec un verre d'eau puis incorporez doucement sur feu doux le vin rouge et le bouillon de bœuf en tournant avec une cuiller en bois.

Ajoutez la pincée de sucre, le sel et le poivre selon votre goût.

Préparez la moutarde en la crémant et lui incorporant un hachis de menthe fraîche.

Placez le poêlon sur un réchaud allumé à feu moyen.

Piquez des lamelles d'agneau avec des fourchettes à fondue bourguignonne.

Plongez dans le poêlon et laissez cuire la viande environ 1 mn, plus si l'agneau n'est pas tranché très fin.

Trempez dans la moutarde à la menthe et dégustez cette fondue au goût puissant et capiteux.

Servir avec le vin de la fondue, un rouge d'Algérie en l'occurrence.

FONDUE BOURGUIGNONNE

Pour 6 personnes
Préparation 10 mn

1,2 kg de romsteck,
1 l d'huile d'arachide,
sel et poivre du moulin, selon le goût.

La fondue bourguignonne : recette très simple à réaliser en 10 mn.

L'autre grand classique des fondues.

En dépit de son nom, la fondue bourguignonne a été imaginée par un cuisinier suisse du canton de Vaud au sortir de la dernière guerre.

Coupez la viande en gros dés.

Faites chauffer l'huile dans un poêlon.

Posez le poêlon sur un réchaud allumé à feu vif d'abord, puis dont vous pouvrez réduire la flamme par la suite.

Salez et poivrez au moulin la viande crue. Elle n'en sera que plus savoureuse après cuisson.

Chacun pique un cube de viande avec une fourchette à fondue et la plonge dans l'huile fumante.

Ne pas oublier de changer de fourchette avant de porter à ses lèvres car la fourchette ayant servie à la cuisson ressort brûlante de l'huile.

La fondue bourguignonne se sert traditionnellement avec des sauces à base de mayonnaise. (voir nos 8 recettes page suivante). Prévoir aussi de la moutarde.

Proposez des pommes de terre frites et une salade verte en garniture.

Servir avec un beaujolais, un chirouble de préférence.

SAUCES POUR FONDUES À L'HUILE

En haut, de gauche à droite :
Aillade, Andalouse, Sauce Verte, Tartare.
En bas, de gauche à droite :
Sauce Anchoïde, Avocado, Sauce Mexicaine,
Sauce moutardée.

Mayonnaise de base pour 6 personnes :
1 cuillerée à soupe de moutarde forte,
3 jaunes d'œufs,
1 cuillerée à café de sel,
3 pincées de poivre blanc moulu,
1/2 l d'huile d'arachide.

Les sauces pour fondues à l'huile : recettes simples à réaliser en 5 mn chacune.

Aillade : à une tasse de mayonnaise de base, ajoutez 4 gousses d'ail pilées. Relevez en sel et poivre, suivant votre goût.

Andalouse : à une tasse de mayonnaise de base, ajoutez 3 cuillerées à soupe de ketchup, une cuillerée à café de whisky. Relevez en sel et poivre de Cayenne, suivant votre goût.

Sauce Verte : à une tasse de mayonnaise de base, ajoutez 3 cuillerées à soupe d'un hachis de persil, cerfeuil, ciboulette et estragon. Relevez en sel et poivre, suivant votre goût.

Tartare : à une tasse de mayonnaise de base, ajoutez un hachis de 2 gros cornichons et d'une cuillerée à soupe de câpres. Relevez en sel et poivre suivant votre goût.

Sauce Achoïade : à une tasse de mayonnaise de base, ajoutez 1/2 boîte d'anchois allongés pilés. Relevez en poivre, suivant votre goût.

Avocado : à 2 cuillerées à soupe de mayonnaise de base, ajoutez la chair d'un petit avocat passé au mixer avec un jus de citron. Relevez en sel, en poivre et en gingembre, suivant votre goût.

Sauce Mexicaine : à une tasse de mayonnaise de base, ajoutez 1 piment haché, une cuillerée à café de paprika, 1 pincée de safran et un trait de tequila (facultatif). Relevez en sel, suivant votre goût.

Sauce Moutardée : à une tasse de mayonnaise de base, ajoutez 2 cuillerées à soupe de crème fraîche et 3 cuillerées à soupe de moutarde forte.

FONDUE À LA "CHARCUTAILLE"

Pour 6 personnes
Préparation 5 mn - Cuisson de la sauce 5 mn

3 parts de boudin,
3 parts d'andouillette,
6 merguez,
6 chipolatas,
4 cuillerées à soupe de miel,
10 cuillerées à soupe de sauce tomates,
2 cuillerées à soupe de vinaigre,
sel, poivre de Cayenne,
1 l d'huile d'arachide.

La fondue à la "charcutaille" : recette très simple à réaliser en 10 mn.

FONDUE À LA "CHARCUTAILLE"

Tronçonnez le boudin, l'andouillette, les merguez et les chipolatas en parts d'une bouchée.

Préparez une sauce moutardée (voir recette p 55 et 56).

Préparez également une sauce aigre-douce en faisant chauffer dans une casserole pendant 5 mn la sauce tomates, le miel, le vinaigre, le sel et le poivre.

Chauffer l'huile dans un poêlon.

Allumez un réchaud à feu moyen.

Posez le poêlon dessus.

Avec une fourchette à fondue bourguignonne, chacun pique la "charcutaille" de son choix et la fait frire dans l'huile.

Trempez dans l'une des deux sauces.

Une purée de pommes de terre et une purée de pommes fruits accompagnent agréablement cette fondue robuste et sympathique.

Servir avec un bourgogne rouge des Côtes de Beaume.

FONDUE KEBAB

Pour 6 personnes
Préparation 30 mn

400 g de romsteck,
250 g de lard fumé,
1 poivron rouge,
1 poivron vert.
36 petits oignons grelot,
36 petits champignons de Paris,
sel et poivre, selon le goût,
1 l d'huile d'arachide.

La fondue kebab : recette simple à réaliser en 30 mn.

Nettoyez les champignons de Paris sans les laver.

Epluchez les oignons grelot.

Découpez les poivrons en petits carrés, après avoir éliminé les côtes et les pépins.

Découpez la viande et le lard en cubes gros comme des dés à jouer.

Sur des piques de bois, enfilez les ingrédients en alternant un oignon, un lardon, un morceau de poivron, un cube de viande et un champignon.

Faites chauffer l'huile dans un poêlon.

Posez le poêlon sur un réchaud allumé à feu moyen.

Salez et poivrez les brochettes.

Trempez les brochettes dans l'huile fumante et dégustez avec des sauces pour fondue bourguignonne. (voir nos 8 recettes pages 55 et 56).

Proposez de la semoule de couscous.

Servir avec un vin rosé d'Afrique du Nord, un boulaouane, par exemple.

FONDUE MEXICAINE

Pour 6 personnes
Préparation 40 mn

600 g de steack haché,
200 g de chair à saucisse,
2 gros oignons,
3 gousses d'ail,
1 brin de persil,
2 jaunes d'œufs,
1 tasse de chapelure pour la farce,
+ 1 tase de chapelure pour paner,
1 l d'huile d'arachide.

La fondue mexicaine : recette assez simple à réaliser en 40 mn.

Mélangez la viande de bœuf hachée à la chair à saucisse.

Hachez le persil, l'ail et les oignons. Incorporez-les au mélange de viandes. Ajoutez les jaunes d'œufs et la chapelure. Malaxez pour obtenir une pâte homogène.

Formez des boulettes de la taille d'une grosse noix. Roulez les boulettes dans la chapelure.

Faites chauffer l'huile dans un poêlon. Posez-le sur un réchaud allumé à feu moyen.

Piquez les boulettes avec des piques en bois. Plongez-les dans l'huile fumante et laissez frire 2 mn.

Mangez avec une sauce avocado et une sauce mexicaine. (voir recettes pages 55 et 56).

Proposez des piments rouges, des épis de maïs nains et une salade mexicaine aux haricots rouges en garniture.

Servir avec un côte du Rhône rouge, de préférence un gigondas.

FONDUE DE GRENOUILLES

Pour 6 personnes
Préparation 10 mn

6 rampes de cuisses de grenouilles,
(en général 12 paires par rampe),
2 jaunes d'œufs,
2 tasses de chapelure,
250 g de beurre salé,
5 gousses d'ail,
1 petite botte de persil,
poivre, selon le goût,
1 l d'huile d'arachide.

La fondue de grenouilles : recette simple à réaliser en 10 mn.

Passez les cuisses de grenouilles dans les jaunes d'œufs écrasés, puis roulez-les dans la chapelure.

Préparez le beurre d'escargot en malaxant du beurre salé ramolli avec l'ail et le persil hachés. Poivrez selon votre goût.

Versez l'huile dans un poêlon.

Faites chauffer jusqu'à ce que l'huile crépite.

Allumez un réchaud à feu moyen et posez-y le poêlon.

Piquez les cuisses de grenouilles avec des fourchettes à fondue bourguignonne et plongez-les dans l'huile.

Laissez cuire 2 minutes. Mangez lorsque les grenouilles sont bien dorées.

Parfumez de beurre d'escargot dont la saveur réhausse le goût suave et subtil de la chair des cuisses de grenouilles.

Servir avec un champagne.

FONDUE DES GUINGUETTES

Pour 6 personnes
Préparation 20 mn - Cuisson 30 sec à 1 mn
selon la taille des poissons

1,8 kg de poissons pour friture,
(goujons, ablettes, éperlans, sardines, etc.),
2 tasses de farine,
4 cuillerées à café de sel fin,
poivre du moulin,
3 citrons verts,
3 citrons jaunes,
1 bouquet de persil,
3 gousses d'ail,
2 l d'huile d'arachide.

La fondue des guinguettes : recette très simple à réaliser en 21 mn.

La friture de poissons est le symbole même d'une certaine "belle" époque de la France, celles des guinguettes au bord de la Marne. Elles ne connaît peut-être plus la vogue qui fut la sienne, mais n'en demeure pas moins un plat délicieux apprécié de tous.

Son inconvénient majeur, outre l'odeur que dégagent toutes les fritures, est d'arriver chaude sur table et de refroidir aussitôt.

Notre idée-recette pallie à ces deux nuisances. Nous préconisons de manger ce plat sur la terrasse ou dans le jardin par une belle journée de printemps ou d'été.

De plus, les poissons sont amenés lavés, vidés, grattés et farinés sur table. Un réchaud est installé, allumé à feu assez vif. On dépose dessus un poêlon d'huile chaude et chaque convive pique un ou deux poissons avec sa fourchette qu'il trempe dans l'huile.

La friture se fait donc "à table" et se mange toujours chaude.

Une autre astuce consiste à incorporer le sel fin à la farine de manière à pré-saler le poisson.

Proposez de l'ail haché avec du persil, un moulin à poivre et des citrons jaunes et verts, pour condimenter à sa guise la friture.

Servir avec un muscadet ou un chardonnay du Haut Poitou.

FONDUE TEMPURA

Pour 6 personnes
Préparation 45 mn - Cuisson 2 mn par tournée

Les légumes :
1 poivron rouge,
1 poivron vert,
1/4 chou-fleur,
200 g de brocolis,
2 oignons,
1 courgette,
1 aubergine,
1 radis noir,
3 carottes,
200 g de champignons de Paris,
200 g de haricots verts,
1,5 l d'huile de friture.

Pour la pâte :
4 œufs,
4 tasses de farine,
2 tasses d'eau,
2 pincées de sel.

Pour la sauce :
1/2 l de bouillon de poule,
1 tasse de jus de soja,
3 cuillerées à soupe de Xérès,
1/2 radis noir rapé,
1 cuillerée à soupe de gingembre frais râpé.

La fondue tempura : recette assez simple à réaliser en 47 mn.

Nettoyez les légumes et coupez-les en petites tranches. Rassemblez les haricots verts en bouquets de 3 ou 4 pièces. Présentez chou-fleur et brocolis en petites têtes de la taille d'une noix.

Préparez la sauce en mélangeant le bouillon de poule avec le soja et le Xérès (ou mieux encore du mirin, saké japonais doux), ajoutez le radis noir et le gingembre râpés.

Dans un poêlon, faites chauffer l'huile à friture.

Pendant que l'huile chauffe, préparez la pâte. Pour cela, battez les œufs, incorporez l'eau et la farine, puis les pincées de sel. Fouettez bien.

Dressez sur table les légumes, la sauce dans des petits bols individuels.

Posez l'huile fumante sur un réchaud allumé à feu moyen.

Chacun pique des légumes avec une fourchette à fondue ou, selon son habileté, les saisit avec des baguettes.

Trempez les légumes dans la pâte puis dans l'huile.

Laissez frire 2 mn ou moins si vous aimez les légumes croquants.

Plongez dans la sauce et savourez.

La pâte à tempura ne nappe pas complètement et laisse joliment transparaître la forme et la couleur des légumes.

Une fondue à l'huile étonnamment légère et qui crée une agréable ambiance exotique.

Proposez du riz en garniture.

Servir avec un vin un peu moëlleux, un gewurztraminer, par exemple.

RACLETTE DANS LA CHEMINÉE

Pour 6 personnes
Préparation : le temps d'allumer le feu dans la cheminée et d'obtenir de belles braises rouges.

1/2 fromage à raclette,
(appenzeller, bagne ou riches-monts),
2 kg de pommes de terre,
poivre du moulin,
charcuterie de montagne, à volonté.

La raclette dans la cheminée : recette simple à réaliser le temps d'allumer un bon feu.

RACLETTE DANS LA CHEMINÉE

Nous verrons dans les pages suivantes que la raclette est devenue un plat de citadin grâce à l'invention d'appareils électriques qui grillent le fromage par l'intermédiaire de résistances.

Celle que nous proposons-là est peut-être plus laborieuse car elle nécessite de posséder une cheminée et de savoir allumer un bon feu générateur de braises bien rouges. Cependant son charme est inégalable.

Le fromage est posé sur une grosse pierre ou le fond d'une grosse marmite retournée. Sa face est tournée vers les braises.

Chacun racle le fromage avec un couteau au fur et à mesure qu'il fond et le recueille dans une petite assiette.

Un tour de moulin à poivre, une pomme de terre sous la cendre, une tranche de viande des grisons... et l'on passe le couteau au suivant.

Le repas s'éternise.

On papote joyeusement auprès du feu et on s'arrose fréquemment la gorge que la chaleur dessèche : l'ambiance est envoûtante.

Servir avec un fendant du Valais ou un apremont de Savoie.

RACLETTE AUX MORILLES

Pour 6 personnes
Préparation 10 mn - Cuisson 23 mn

800 g de fromage à raclette,
(appenzeller, bagne ou riche-monts),
600 g de morilles,
100 g de crème fraîche,
1 jus de citron, poivre à volonté.

La raclette aux morilles : recette simple à réaliser en 33 mn.

RACLETTE AUX MORILLES

Lavez les morilles pour les débarrasser de la terre qui souvent macule leurs alvéoles.

Séchez-les et mettez-les dans une poêle anti-adhésive sur feu doux. Laissez-leur rendre leur eau. Jetez cette eau.

Ajoutez de la crème dans les morilles et faites-la réduire jusqu'à ce qu'elle devienne onctueuse et blonde.

Assaisonnez avec du poivre et du jus de citron. Réservez au chaud.

Découpez le fromage à raclette en tranches d'un centimètre d'épaisseur. Otez-en la croûte.

Dans des petits poêlons de terre individuels, mettez une tranche de fromage à raclette.

Passez au four en position gril pendant environ 3 mn, jusqu'à ce que le fromage fonde et se cloque.

Ajoutez quelques cuillerées de morilles à la crème sur le fromage et mangez immédiatement.

L'incomparable parfum des morilles se marie parfaitement à l'onctuosité du fromage fondu.

A noter que ce type de raclette peut se réaliser sans le secours d'un appareil.

Servir avec un bordeaux rouge léger.

RACLETTES AU REBLOCHON

Pour 6 personnes
Préparation 10 mn - Cuisson 3 mn par tournée de raclettes

2 reblochons,
200 g de crème fraîche,
1 dz d'œufs de poulette,
poivre du moulin, curry, safran et toutes les épices,
ou herbes aromatiques, selon le goût.

Les raclettes au reblochon : recettes très simples à réaliser en 13 mn.

RACLETTES AU REBLOCHON

Otez la croûte des reblochons.

Découpez-les en tranches d'1/2 cm d'épaisseur et de 5 cm sur 5, environ.

Mettez une tranche de reblochon dans chacun des poêlons d'un appareil à raclette-gril.

Ces ustensiles modernes, s'ils ont quelque peu retiré du folklore en regard de la raclette traditionnelle, c'est-à-dire celle où le fromage était réellement raclé, ont, en revanche, ouvert la porte à de nombreuses variantes originales et savoureuses.

Le reblochon, fromage onctueux et parfumé se prête à de nombreuses combinaisons.

On peut le manger nature, parsemé de poivre, de curry, de safran, d'épices diverses et d'herbes aromatiques. On peut le napper de crème fraîche, ou lui adjoindre un œuf qui va cuire avec lui sous la rampe de l'appareil.

Chacun agrémente son poêlon comme il l'entend et le glisse sous la hotte chauffante jusqu'à ce que le fromage soit bien doré et mousseux.

Cette raclette s'accompagne de jambon de montagne et de pommes de terre sous la cendre.

Servir avec un vin blanc sec de Savoie, une roussette de Monthoux, par exemple

RACLETTE ANGLAISE

Pour 6 personnes
Préparation 5 mn - Cuisson 3 mn par tournée de raclettes

800 g de cheddar,
400 g de bacon,
1 pot de pickles,
1 pot de piccadilli sauce.

La raclette anglaise : recette très simple à réaliser en 8 mn.

RACLETTE ANGLAISE

Otez la croûte du cheddar.

Coupez-le en tranches de 1/2 cm d'épaisseur et de 5 cm sur 5, environ.

Dans les petits poêlons d'un appareil à raclette-gril, mettez de fines tranches de bacon.

Ajoutez un morceau de cheddar dans chaque poêlon que vous glissez sous la hotte chauffante.

Laissez fondre.

Avant de manger, nappez d'un peu de piccadilli sauce.

Cette raclette s'accompagne de pommes de terre à l'anglaise et de pickles.

Servir avec une bière anglaise de type "stout".

RACLETTE AU GORGONZOLA

Pour 6 personnes
Préparation 10 mn - Cuisson 3 mn par tournée de raclettes

700 g de gorgonzola,
150 g de parmesan râpé,
poivre du moulin.

La raclette au gorgonzola : recette très simple à réaliser en 13 mn.

RACLETTE AU GORGONZOLA

Otez la croûte du gorgonzola.

Découpez-le en tranche de 1/2 cm d'épaisseur et de 5 cm sur 5, environ.

Dans les petits poêlons d'un appareil à raclette-gril, mettez les tranches de gorgonzola.

Parsemez de parmesan râpé.

Glissez les poêlons sous la hotte chauffante et laissez fondre.

Lorsque le fromage dore et fait des cloques, mangez après avoir donné un tour de moulin à poivre.

Cette raclette aux fromages italiens s'accompagne de pommes de terre en robe des champs et d'un saucisson sec aux herbes.

Servir avec un vin blanc d'Orvieto.

CROQUE-RACLETTE

Pour 6 personnes
Préparation 10 mn - Cuisson 6/8 mn

6 tranches de pain de campagne,
100 g de beurre,
18 fines tranches de viande des Grisons,
6 tranches de fromage à raclette,
200 g de crème fraîche,
200 g de pulpe de tomates,
sel, poivre, citron (pour la sauce),
poivre du moulin (pour le fromage).

Le croque-raclette : recette simple à réaliser en 16/18 mn.

Tartinez les tranches de pain avec le beurre.

Posez sur chaque tartine 3 lamelles de viande des Grisons.

Otez la croûte des tranches de fromage à raclette. Déposez le fromage sur la viande des Grisons. Poivrez au moulin.

Mettez au four en position gril pendant 6 à 8 mn.

Lorsque le fromage est fondu, sortez du four et nappez d'une sauce froide constituée de crème, de pulpe de tomates, le tout assaisonné avec sel, poivre et jus de citron.

Cette recette très nourrissante et délicieuse, si elle fait appel à des produits coûteux (fromage et viande des Grisons) reste assez économique, car elle les utilise en quantités modestes.

Une variante montagnarde du croque-monsieur des villes.

Servir avec un vin rouge de Savoie, par exemple, une mondeuse.

BEURREKS DES ALPES

Pour 6 personnes
Préparation 15 mn - Cuisson 5 mn

1 peu de beurre pour cuire les crêpes,
6 tranches de fromage à raclette,
480 g de viande de bœuf hachée,
6 brins de ciboulette,
poivre, selon le goût.

Pour la pâte à crêpes :
150 g de farine,
3 œufs,
15 cl de lait,
1 pincée de sel,

Les beurreks des Alpes : recette simple à réaliser en 20 mn.

Préparez la pâte à crêpes : mélangez à froid tous les ingrédients dans un saladier.

Laissez reposer la pâte au moins deux heures.

Si la pâte s'est trop épaissie après repos, rajoutez un peu de lait.

Beurrez légèrement mais uniformément la poêle à crêpes. Coulez une louche de pâte à l'intérieur et cuisez 1 mn de chaque côté.

Réservez les crêpes au bain-marie au fur et à mesure que vous les confectionnez.

Otez la croûte des tranches de fromage.

Dans un plat à gratin, mettez le fromage à raclette et passez-le sous le gril du four jusqu'à ce qu'il soit doré et fondu.

A ce moment, incorporez la viande hachée, le poivre et la ciboulette. Mélangez.

Garnissez l'intérieur de chaque crêpe (1 par personne) de ce mélange de fromage fondu et de viande.

Dégustez de suite.

Ce plat d'origine turque est adapté ici à nos produits de montagne, fromage à raclette et crêpes. Il développe un goût superbe et constitue une entrée voire un plat de résistance très substantiel.

Servir avec un vin rosé d'Arbois.

FONDUE DE CHOCOLAT AUX PÊCHES ET ABRICOTS

Pour 6 personnes
Préparation 15 mn - Cuisson 8 mn

Pour la sauce au chocolat :
400 g de chocolat noir (2 tablettes),
50 g de sucre en poudre, 20 cl de lait,
20 cl de crème fraîche,
2 cuillerées à soupe de cognac,
(sauf pour une fondue d'enfants),
1 cuillerée à café de cannelle.
Pour les ingrédients à tremper :
1 sachet de mendiants (amandes et fruits secs),
1 sachet d'abricots confits,
12 abricots, 6 pêches, 6 prunes.

La fondue de chocolat aux pêches et abricots : recette simple à réaliser en 23 mn.

Dans une casserole à fond épais, faites fondre le chocolat noir dans un peu de lait.

Ajoutez petit à petit le reste du lait et la crème.

Incorporez le sucre vers la fin, puis le cognac et la cannelle.

Allumez un réchaud à feu moyen.

Versez le chocolat fondu dans un poêlon que vous posez sur le réchaud.

Sur la table, dressez les fruits frais et secs que vous plongez dans la sauce au chocolat chaud pour les napper.

Le mariage du chocolat avec l'abricot et la pêche n'est plus à vanter, il n'est que de se référer à la célèbre pêche "melba".

Une fondue-dessert qui enchante toujours les grands autant que les petits.

Servir avec un bordeaux rouge, de préférence un pommerol.

FONDUE PÂTISSIÈRE

Pour 6 personnes
Préparation 5 mn - Cuisson 10 mn

Pour la crème pâtissière :
1 l de lait,
100 g de farine,
150 g de sucre,
6 jaunes d'œufs,
1 gousse de vanille fendue,

Pour les ingrédients à tremper :
1 kg de fraises ou de framboises ou un mélange des deux.

La fondue patissière : recette simple à réaliser en 15 mn.

Préparez la crème pâtissière : dans une terrine, travaillez les jaunes d'œufs avec le sucre jusqu'à ce qu'ils blanchissent.

Ajoutez la farine, mélangez soigneusement.

Faites bouillir le lait avec la gousse de vanille fendue.

Retirez la vanille et versez le lait bouillant tout doucement sur les œufs en tournant à la spatule. Reversez dans la casserole et cuisez à feu doux en fouettant.

Dès les premiers bouillons de la crème, allumez un réchaud à feu doux.

Posez le poêlon de crème pâtissière sur le réchaud.

Allongez un peu la crème avec du lait chaud au fur et à mesure qu'elle réduit.

Lavez et équeutez les fraises.

Présentez-les sur table.

Chacun pique une fraise avec une fourchette ou une brochette et la plonge dans la crème chaude pour la napper.

Une manière originale de déguster les fraises. Les framboises peuvent également convenir, mais elles tiennent moins bien sur la fourchette.

Un dessert savoureux et économique à la saison des fraises. Constitue aussi un excellent goûter d'enfants.

Servir avec un monbazillac.

FONDUE AU COULIS

Pour 6 personnes
Préparation 10 mn - Cuisson 10 mn

Pour le coulis:
1 kg de fraises,
1/2 l de vin rouge,
1 verre de crème de fraises des bois,
350 g de sucre en poudre.

Pour les pâtisseries:
6 petites brioches,
12 madeleines,
1 cake,
1 gâteau roulé à la confiture.

La fondue au coulis: recette simple à réaliser en 20 mn.

Equeutez les fraises. Lavez-les soigneusement. Essuyez-les avec un linge fin.

Dans le mixer, mettez les fraises coupées en 4. Versez le vin et la crème de fraises des bois. Broyez pendant 30 secondes.

Mettez dans une casserole sur feu moyen. Faites réduire pendant 5 mn.

Passez le coulis au tamis. Versez dans une casserole propre et ajoutez le sucre.

Faites chauffer encore 5 mn en tournant avec une spatule de bois jusqu'à ce que le mélange soit bien lisse et nappant.

Allumez un réchaud à feu assez doux.

Versez le coulis dans un poêlon et posez-le sur le réchaud.

Présentez des pâtisseries sèches comme du cake, des madeleines, des brioches ou du gâteau roulé.

Chacun pique des morceaux de pâtisserie de la taille d'une bouchée et les trempe dans le coulis un instant, le temps de l'imbiber et de lui faire prendre le parfum du fruit.

Goûter exquis qui change un peu du "five o'clock tea" traditionnel.

Servir avec un asti spumante ou une clairette de Die.

FONDUE ARDÉCHOISE

Pour 6 personnes
Préparation 15 mn - Cuisson 3 mn

Pour la sauce :
1 kg de crème de marrons (1 grande boîte),
500 g de crème fraîche,
20 cl de lait,
1 verre à liqueur d'armagnac (facultatif).
Les fruits d'hiver :
4 pommes,
4 poires,
4 oranges,
4 bananes.

La fondue ardéchoise : recette simple à réaliser en 18 mn.

Dans une casserole, mélangez la crème de marrons et la crème fraîche en tournant avec une spatule de bois.

Mettez sur feu assez doux.

Ajoutez le lait et éventuellement l'armagnac.

En 3 mn l'appareil doit être devenu lisse et onctueux.

Pelez vos fruits d'hiver : pommes, poires, oranges et bananes.

Taillez-les en quartiers pour les 3 premiers et en grosses rondelles pour les bananes.

Allumez un réchaud au feu assez doux.

Versez la crème de marrons dans un poêlon que vous posez sur le réchaud.

Présentez les fruits sur table.

Chacun pique un morceau de fruit de son choix qu'il nappe de crème de marrons fondue en le plongeant dans le poêlon.

Dessert hivernal très nourrissant, peu onéreux et de riche saveur, cette fondue ardéchoise peut remplacer un dîner simple de dimanche soir et régalera toute la famille.

Servir avec un vin rouge de l'Ardèche ou du Gard.

FONDUE DE POMMES EN CHAUD ET FROID

Pour 6 personnes
Préparation 30 mn - Cuisson du sucre jusqu'à caramélisation (environ 10 mn)

6 pommes "canada",
1 kg de sucre en poudre,
20 cl d'eau,
1 jus de citron,
2 l d'eau glacée (contenant des glaçons),
1 pot de graines de sésame.

La fondue de pommes en chaud et froid : recette cordon-bleu à réaliser en 40 mn.

Pelez les pommes.

Coupez-les en quartiers. Otez les pépins et le trognon.

Dans un poêlon, préparez un caramel avec le sucre, les 20 cl d'eau et le jus de citron.

Allumez un réchaud à feu très doux.

Posez le poêlon dessus sitôt que le sucre commence à blondir.

Disposez également un saladier d'eau glacée et une soucoupe de graines de sésame. Chacun pique un morceau de pomme, le trempe dans le caramel, puis dans le sésame et le plonge aussitôt dans l'eau glacée.

Il faut croquer le caramel instantanément durci, mais encore tiède et apprécier la fraîcheur juteuse des pommes.

Un régal venu d'orient qu'il convient de manger rapidement, le caramel risquant de brunir et de se dénaturer.

On peut remplacer les pommes par des poires, de l'ananas ou des bananes.

Servir avec un cognac à l'eau.

Index alphabétique

DEJA PARUS

DICO-SIGNES
de LAURENE PETIT

Le Bélier
Le Taureau
Les Gémeaux
Le Cancer
Le Lion
La Vierge
La Balance
Le Scorpion
Le Sagittaire
Le Capricorne
Le Verseau
Les Poissons

LA NOUVELLE ASTROLOGIE CHINOISE
de LAURENE PETIT / SHAO-HIN

Le Rat
Le Buffle
Le Tigre
Le Lièvre
Le Dragon
Le Serpent
Le Cheval
La Chévre
Le Singe
Le Coq
Le Chien
Le Sanglier

SAVOIR PREPARER LES CREPES

RECETTES DE FRANCE

La Cuisine Périgourdine
La Cuisine Lyonnaise
La Cuisine Bourguignonne
La Cuisine Provençale
La Cuisine Bretonne
La Cuisine Alsacienne